LE SECRET DU GLAUDE

Pierre DEVELAY

Editions théâtrales ART ET COMEDIE
3 rue de Marivaux
75002 PARIS

A Colette et André, mes parents,

Claudine, Jeanne, Benoît et Pierre-Marius,
mes grands-parents.

PERSONNAGES

<u>RÔLES PRINCIPAUX</u>:

LE GLAUDE :

Vieux bonhomme attachant, haut en couleurs, farceur à l'esprit vif et très épris de sa femme, Marie.

MARIE *(sa femme)* :

Vieille femme très droite qui prend les écarts de conduite de son mari, qu'elle adore, avec la philosophie que l'âge lui confère.

<u>RÔLES SECONDAIRES</u>, *dans l'ordre décroissant d'importance :*

LOUISE :

Meilleure amie de Marie et du même âge. Moins retenue que Marie, elle "parle en pensant".

EMILE:

Ami de toujours du Glaude. Son seul défaut est d'aimer la "goutte"[1] et surtout de mal la supporter.

ETIENNE :

Jeune facteur du village et petit-neveu du Glaude. Il en a hérité la rapidité d'esprit et le goût des farces douteuses.

ROSINE :

Fiancée d'Etienne, très droite, qui "se fait un peu de souci en considérant la similitude de caractère entre Etienne et son grandoncle.

LE DOCTEUR :

Homme jeune, très simple et parfaitement intégré dans ce monde rural.

DÉCORS

DÉCOR GÉNÉRAL :

Intérieur pauvre, mais bien tenu, d'une cuisme de maison en milieu rural. Une porte donne sur l'extérieur.

L'ÉQUIPEMENT INDISPENSABLE COMPREND:

<u>Mobilier</u>:

Une table avec quatre chaises, un meuble de rangement, une cheminée et une plaque chauffante (ou une imitation de cuisinière) pour la soupe, une chaise longue.

<u>Accessoires</u>: *(liste non exhaustive)*

Une cafetière en état de marche, de la vaisselle (deux assiettes creuses, deux cuillères à soupe, deux couteaux, deux verres à eau, quatre verres à digestif, une carafe d'eau, une soupière, quatre tasses et un saladier), un litre de vin rouge, un fromage, une salade, quelques provisions, deux bouteilles de "goutte"[1] un baquet à vaisselle, une éponge, deux calendriers des Postes représentant l'un un chat et l'autre un chien, un balai, une seringue avec son ampoule, du coton et de l' "alcool", une sacoche, un carnet, un tube de "somnifères" garni, une lampe de poche, un jeu de 32 cartes avec son tapis et des pions, un panier en osier, un quotidien, une couverture, un tricot "monté" plus une aiguille, un billet de cent francs, une panière à linge garnie, une vieille enveloppe jaunie avec une lettre, un panier à lapin, un coucou qui sonne minuit, un programme T.V., des draps et des chaînes (pour les costumes des fantômes).

Un vieux fusil, au mur, compléterait utilement le décor.

ACTE I

Le Glaude est assis dans sa chaise longue, en train de lire le journal. La table est mise. Sa femme, Marie, fait son entrée, toute emmitouflée avec un panier sous le bras, chargé de provisions.

MARIE - *(en traversant la pièce pour poser son panier de l'autre côté, et en posant manteau et écharpe)* Brrrrrr! Fait pas chaud! Pourtant, il est déjà midi… On peut dire que l'hiver n'est pas en retard cette année.

GLAUDE - *(en abaissant son journal)* Oui, et on fête à peine Sainte Catherine. Qu'est ce que ce sera au mois de janvier…

MARIE - *(en se chauffant devant la cheminée)* Ah! Ne m'en cause pas! Ça promet! Remarque que, des fois, ça ne veut rien dire. On nous avait bien promis une année sèche. Si ça a été le cas jusqu'en août, on est servi depuis!

GLAUDE - Oh! tu sais, ça mouille peu. Pour remonter les sources, il en faudrait de l'eau!

MARIE - "Ben" depuis le temps!… si elles ne sont pas remontées, c'est que le ressort est cassé!

GLAUDE - Oh! tu sais, il en faut beaucoup, beaucoup…

MARIE - Oui, c'est vrai qu'avec toi, lorsqu'il pleut pendant deux heures, ça mouille à peine la poussière…

GLAUDE - *(haussant les épaules)* Pff! Tiens, c'est comme la neige. Quand j'étais gamin, il fallait souvent pelleter pour pouvoir aller soigner les bêtes. Et qu'est-ce qu'on pouvait s'amuser avec ça! Les bonshommes qu'on décorait avec ce qu'on trouvait, les batailles, les glissades!…

MARIE - Oui… C'est pas comme maintenant !… Pour amuser les "ch'tits", il leur faut des gugusses aussi vilains que "frankeu-ch'tin", qui couinent comme des gorets et qui se transforment en… pelleteuse ou en dinosaures avec des yeux qui clignotent… comme ceux de Mitterrand !

GLAUDE - Bah !… tu dis ça parce que t'en as pas eu…

MARIE - De quoi ? Des gugusses qui couinent ou des yeux qui clignotent ?

GLAUDE - Des jouets, jalouse ! Moi non plus. Et je m'amusais sûrement aussi bien qu'eux !

MARIE - En tout cas, tu avais bien de la chance d'avoir le temps de jouer aussi ! Moi, où j'étais placée, c'était: trime toute la journée !

GLAUDE - *(faisant le fier)* Jusqu'à ce que le Prince Charmant arrive et t'arrache à ta misère… Pas vrai ?

MARIE - Remarque que depuis, je n'ai guère arrêté, non plus…

GLAUDE - Sauf que depuis, tu travailles dans la joie du mariage ?

MARIE - Si tu veux… Je suis passée du service d'un patron à celui d'un mari… Remarque, maintenant, il y a des femmes qui font l'inverse et qui pensent avoir inventé, quelque chose ! Enfin…

GLAUDE - Le service d'un mari ! Tout de même, tu exagères !

MARIE - *(en l'embrassant)* Bien sûr… tu n'as rien d'un tyran. Je voulais seulement dire que j'étais passée des chaussettes du Maître… aux tiennes.

GLAUDE - *(en haussant les épaules)* Et si on mangeait plutôt que de philosopher comme des intellectuels ?

(Les deux vieux s'attablent, après que Marie ait posé la soupe sur la table. Marie remplit les deux assiettes et, face

MARIE - *(la cuillère en (air et regardant le Claude)* "Ben" mon Glaude? Tes de plus en plus discret?

GLAUDE - *(s'arrêtant de manger)* Hein? Quoi donc?

MARIE - Tu n'entends pas?

(Le Claude écoute et regarde partout autour de lui.)

GLAUDE - Non?….

MARIE - Je parle de toi, animal! Quand tu manges ta soupe, on dirait que je vide l'évier!

GLAUDE - Ah? J'avais pas remarqué Mais si tu le dis…

MARIE - C'est pourtant pas compliqué fais donc comme moi!

(Marie prend délicatement sa soupe dans sa cuillère et l'avale sans un bruit)

Tu vois? Ce n'est tout de même pas très difficile!

GLAUDE - *(en essayant de faire la même chose, mais en gobant la cuillère par petites avancées)* C'est peut-être moins bruyant, mais il ne faut pas avoir faim!

MARIE - *(en haussant les épaules)* Fais bien comme tu veux.

GLAUDE - Oui. C'est pas comme s'il y avait du monde qui nous regarde. *(Les "sluuuurps" repartent de plus belle.)*

MARIE - Remarque que, quand tu bois… t'es beaucoup plus silencieux… Pas vrai?

GLAUDE - *(en mangeant)* Ah! J'ai tout de même une qualité… *(Gardant sa cuillère en l'air)* Mais dis donc, tu ne serais pas en train d'insinuer que je me désaltère en cachette, des fois?

MARIE - Du tout…

GLAUDE - Ahhh, bon !

MARIE - Tu te désaltères en public, mais… tu te régales le bec en douce.

GLAUDE - *(toujours la cuillère en l'air)* Comment ça, tu me surveilles ?

MARIE - Oh, c'est inutile. Il suffit de retrouver le verre à goutte[1] au fond de l'évier et de voir tes yeux qui pétillent pour être fixé !

GLAUDE - *(tout câlin)* Mais si mes yeux pétillent, ça ne peut être que d'amour, ma Biche !

MARIE - Ouf, j'ai cru que tu allais me dire que c'était la faute à la limonade… Et… t'as pensé à soigner les lapins ?

GLAUDE - *(entre deux goulées)* Tu sautes du coq à l'âne ! Oui.

MARIE - Et les poules ?

GLAUDE - Voui.

MARIE - Et le cochon ?

GLAUDE - *(excédé)* Vouiiiii !!! Heureusement qu'on n'a pas une ménagerie, on y passerait la soirée !

(La "partie de soupe" continue quelques instants)

MARIE - Et ton Vaximuc[2], tu l'as pris ?

GLAUDE - Voui.

MARIE - Et ton Extromélenicine[2] ?

GLAUDE - C'est fait.

(La "partie de soupe" repart encore quelques instants.)

MARIE - Le Minotranpilogène[2] aussi ?

GLAUDE - *(abandonnant sa soupe, soupirant de désespoir)* Voui-voui et... voui !

MARIE - *(un peu énervée)* Pour une fois que tu n'oublies rien !... Tu te rappelles aussi que le Docteur doit passer pour toi, tantôt ?

GLAUDE - Pour mon rappel "anti-mécanique", je sais... tous les cinq ans, c'est la même histoire !... A l'époque où on va sur la lune, ils pourraient inventer un vaccin qui marche à vie, non ?

MARIE - Tu n'auras qu'à soumettre ton idée au Docteur, tout à l'heure.

GLAUDE - *(en se serrant du fromage)* Pour qu'il me demande si j'ai peur des piqûres ? Il est bien brave notre Docteur, mais il aime bien me taquiner aussi à ce sujet...

MARIE - Alors, ne demande rien.

GLAUDE - *(entre deux bouchées)* T'as vu du monde, au bourg, ce matin ?

MARIE - Oh, tu sais, je n'ai pas traîné,... j'aurais gelé,... A part le pain, j'ai tout pris à la supérette.

GLAUDE - Tu veux dire à l'épicerie ?

MARIE - Maintenant, ça s'appelle une supérette. Faut vivre avec son temps, mon Glaude !

GLAUDE - Incroyable, cette manie de changer les noms de tout ! Les aveugles sont des non-voyants, les sourds, des malentendants ! Y'a que les abrutis qui ne sont pas encore des non-intelligents !

GLAUDE - *(en dodelinant de la tête)* Et dans ta... supérette, qu'est-ce qui s'est raconté ?

MARIE - *(en grattant le feu)* Oh... que le repas des vieux se présente mal cette année... Entre l'Albert qui trouve leur viande trop dure, le Louis qui dit que le vin est toujours piqué et la Louise qui ne veut plus de desserts sucrés, le Maire s'arrache les cheveux… enfin façon de parler, avec sa casquette en peau de fesse… Bref, rien de bien extraordinaire. Ah si ! Une bien bonne… Enfin, une de plus !

GLAUDE - Quoi donc ?

MARIE - C'est la Mirette. Elle remet ça. Elle raconte partout qu'elle a vu, devine un peu quoi, la nuit dernière !

GLAUDE - Comment veux-tu bien que je devine ? Le Yéti ? Ou le Dahut ?

MARIE - Presque. Un fantôme !

GLAUDE - *(sourire en coin)* Pourquoi pas ? Il était pas rose, des fois ?

MARIE - Rose ? Il n'y a pas de danger ! Elle hait le rose ! Rappelle-toi la vie qu'elle mène à chaque élection ! La dernière fois, elle est même venue nous casser les pieds pour qu'on lui prenne une carte de soutien pour sa grande saucisse ! Tu te rappelles ?

GLAUDE - Si je m'en rappelle ! Même qu'il y est arrivé sans nous ! Mais je disais rose comme pour les éléphants, parce qu'à partir de neuf heures, elle peut commencer à avoir des visions. C'est l'heure de sa première visite au café de la place. Et il se dit qu'il ne faut pas allumer une cigarette pendant qu'elle te dit bonjour.

MARIE - Pourquoi ça ?

GLAUDE - Parce que tout exploserait dans un rayon de cent mètres ! Et… il faisait quoi son fantôme ? Du vélo ou du delta-plane ?

MARIE - Ça, elle ne nous a pas dit comment il se déplaçait, mais d'après elle, il allait de maison en maison en regardant aux fenêtres, curieux comme une pie, comme s'il cherchait quelqu'un.

GLAUDE - C'est peut-être la lumière qui l'attirait ? Elle sait vraiment plus quoi inventer ! *(En riant)* Elle a eu peur, au moins ?

MARIE - Elle ne l'a pas dit Et je me suis bien gardée de lui poser des questions. Je n'aurais pas pu m'en défaire ensuite.

GLAUDE - Sinon, elle aurait dû se montrer à lui. *(Mimant une grimace)* Il aurait détalé, pour sûr !

MARIE - Ne soit pas si méchant. Ce n'est tout de même pas sa faute si elle ressemble à une chambre à air qui aurait avalé un cassoulet faisandé.

GLAUDE - *(dodelinant de la tête)* Oh c'est elle qui exagère !… L'été dernier, c'était soit disant une soucoupe volante qui avait voulu l'embarquer, alors !… *(Avec un geste de débarras)* Même que si seulement…

MARIE - Que veux-tu, elle avait acheté une télé la veille, et le premier film qu'elle a vu, c'était "la soupe aux choux", ça lui a donné des idées…

GLAUDE - *(riant)* "Ben", t'imagines, s'ils avaient passé "Emmanuelle" ! Il aurait fallu garer les prunes !

(On frappe. Marie va ouvrir. C'est le Docteur qui vient soigner Glaude)

MARIE - Ah bonjour Docteur, entrez vite au chaud.

(Elle va s'affairer auprès d'une salade)

LE DOCTEUR - *(ôtant sa veste et son écharpe)* Merci Marie et bonsoir à vous deux. Quel temps tristounet ! *(Le Docteur se réchauffe près de la cheminée)* Alors, Monsieur Claude, qu'est ce que vous faites d'un temps pareil ?

GLAUDE - Pas grand chose, Docteur. A part le journal et les conversations avec ma petite Marie… *(L'oeil grivois en regardant Marie)* Si encore on était plus jeune, hein ?

Le docteur - *(sérieux)* Ah mon brave homme, on ne peut être et avoir été ! et à part vos… baisses de performances, pas de problème particulier ?

Glaude - Oh docteur, ça va comme les vieux "qu'ont" de l'âge. *(Rire bête du Claude et haussement d'épaules de Marie)* Ah ! Si, j'ai un peu mal à la gorge en ce moment…

Le docteur - Ah, Voyons ça… *(Inspection à l'aide d'une lampe de poche)* Je ne vois rien… Ça vous gêne à quels moments de la journée ?

Marie - *(avant que le Claude n'ait refermé la bouche pour répondre)* Ça gêne en deux temps, Docteur.

(Le Claude s'agite)

Le docteur - Que voulez-vous dire ?

Marie - Eh bien, comme soit disant, ça picote, Monsieur s'envoie une petite goutte, et ensuite, il se plaint que ça le brûle !…

Glaude - Ce sont les microbes qui se consument, n'est-ce pas, Docteur ?

Le docteur - Oui… bon, si ça persiste, rappelez-moi… Puisque tout va bien, on se la fait cette petite piqûre, Monsieur Claude ?

(Le Docteur prépare la seringue.)

Glaude - *(en sourdine et en relevant sa manche)* On se la fait… on se la fait ! Je fais quoi, moi ?

Le docteur - *(après avoir nettoyé le bras à l'alcool)* Prêt ?

Glaude - *(pas fier)* "Ben"… puisqu' "i" faut…

Le docteur - *(se préparant à piquer et voyant le Glaude faire la grimace)* Allons Monsieur Claude… vous avez bien fait la guerre… ce n'est pas un petit vaccin qui va vous effrayer ?

GLAUDE - J'ai surtout fait un camp de prisonnier. Et tout ça à cause d'Adolphe !

LE DOCTEUR - Hitler ?

GLAUDE - *(tout heureux de faire diversion)* Non. Enfin, oui et non. Adolphe, c'était un cochon réquisitionné qu'on avait soigné et engraissé comme pas possible. Le jour venu de le saler, il a flairé l'affaire et s'est enfui à travers la campagne. On a couru sus au goret sur plusieurs kilomètres, jusqu'à ce qu'on tombe sur une patrouille allemande…

LE DOCTEUR - Et alors ?

GLAUDE - Alors ? "Ben" c'est eux qui ont salé l'Adolphe !

LE DOCTEUR - Et vous ?

GLAUDE - Ils nous ont moins bien soignés qu'on avait soigné l'Adolphe, mais ils ne nous ont pas salés. C'était déjà ça !

LE DOCTEUR - *(se repréparant à piquer discrètement)* Heureusement ! Et les camps, c'était dur aussi !…

GLAUDE - Ça c'est sûr ! En ce temps là… *(Le Docteur pique.)*

WOUAHHHH !!!

LE DOCTEUR - *(goguenard)* En ce temps là ?

GLAUDE - *(vexé et se frottant le bras)* Vous avez dû toucher un nerf… D'habitude, je ne bronche jamais !

LE DOCTEUR - *(amusé)* Vous me traitez de charcutier ?

GLAUDE - Mais non… mais non… Tiens, pour vous prouver que je ne vous en veux pas, je vais vous offrir une petite goutte avant que vous ne retourniez au froid !

LE DOCTEUR - Une toute petite alors…

GLAUDE - C'est comme pour les remèdes, il faut la juste dose !

MARIE - En tout cas, les rappels sont plus rapprochés que pour les vaccins…

(Le Claude se lève et sort la goutte du buffet. Il regarde la bouteille.)

GLAUDE - Ça alors, t'as vu Marie ? Elle est presque vide !

MARIE - *(indignée)* Et alors, que veux-tu que j'y fasse ?… Mais ne me regarde pas comme ça, le Docteur va croire que c'est de ma faute !

LE DOCTEUR - *(en riant)* Allons ! Au lieu de vous chamailler, racontez-moi un peu ce qu'il y a de neuf au village, je suis rentré de vacances ce matin, et vous êtes mon premier patient de la journée.

GLAUDE - Oh… C'est la routine ici. Comme vous savez, je ne sors plus guère, surtout de ce temps… Et puis, on est un peu isolé, ici ! Alors les nouvelles…

MARIE - *(levant le nez de sa salade)* "Ben" si !…

GLAUDE - Quoi donc ?

MARIE - Mais enfin, dis-"zi" !…

GLAUDE - Dis-"zi" quoi ?

MARIE - Mais enfin, le fantôme de la Mirette ! C'est pas une nouvelle, ça ?!

GLAUDE - *(plié en deux en pouffant)* Le fantôme ! Ah oui, c'est vrai ! Vous entendez ça docteur ? D'après la Mirette, il y a un fantôme qui hante notre village ! Même que celui-là, il cherche aux fenêtres !

LE DOCTEUR - Ça me rappelle toutes ces histoires plus ou moins horribles que se racontaient nos Anciens dans les veillées… Bizarre, ce besoin de se faire peur, vous ne trouvez pas ?

GLAUDE - Si… Sûrement que ça manque, sinon ! Mais maintenant, avec la télé, c'est différent. On ne fait plus de veillées de ce genre… A vingt heures, on nous sert les étripés de Yougoslavie jusque dans nos assiettes. Ça évite le déplacement. Remarquez, ça nous fait moins d'effet que les histoires du temps !

LE DOCTEUR - Hé, oui ! Autre temps, autres mœurs ! Mais… pour en revenir au fantôme de Madame Mirette…

GLAUDE - *(de nouveau plié de rire)* Eh bien ?

LE DOCTEUR - *(tris sérieux et savourant sa goutte)* Vous savez, Monsieur Claude… ce genre de phénomène peut être réel.

(Claude est toujours plié, en deux, mais devient grave en restant dans sa position idiote.)

Einstein a donné une explication possible concernant les apparitions de personnes décédées, en associant la théorie de la relativité à une distorsion de l'espace-temps.

(Claude et Marie se regardent, complètement ahuris. Le Docteur refermant sa sacoche et oubliant son carnet.)

Bon, on est bien chez vous mais il faut que je continue, maintenant.

MARIE - Combien on vous doit Docteur ?

LE DOCTEUR - Pour ce que je vous ai fait ! Rien, voyons.

MARIE - *(en apportant les vêtements au Docteur qui se rhabille)* Ah, vous êtes bien gentil. Revenez quand vous voulez. C'est un vrai plaisir de vous voir, Docteur !

GLAUDE - *(se tâtant le bras et en marmonnant)* Oui… un vrai plaisir !

LE DOCTEUR - *(serrant la main aux deux vieux)* Allez, bonne soirée Monsieur Dame.

(Marie raccompagne le Docteur pendant que Claude se gratte la tête, tris circonspect.)

MARIE - *(en revenant vers son mari)* Ah "ben" mon Glaude ! Quelle instruction ! T'as compris cette histoire "d'hérédité des distractions de basse-dent" ?

GLAUDE - Rien compris du tout… Sauf que… la Mirette n'est peut-être pas si mirette que ça !…

MARIE - *(en haussant les épaules et d'un ton tris maternel)* En tout cas, ça m'étonnerait que son fantôme monte jusque chez nous et ça ne doit pas t'empêcher de te reposer, surtout après une vaccination. Allez mon vieux grigou, fais ta sieste.

GLAUDE - Oui ma bibiche, tu as bien raison.

MARIE - Comme toujours !

GLAUDE - *(en balançant les épaules)* Disons… comme souvent.

(Le Glaude met un bonnet de nuit et s'installe dans sa chaise longue. Marie, attentionnée, le couvre d'une couverture et l'embrasse sur le front. Le Glaude ferme les yeux, tout sourire. Marie débarrasse la table.

Peu de temps après et progressivement, le Glaude commence à tourner et virer comme un enragé dans sa chaise longue. Marie le regarde, continue son travail, le regarde encore et reprend son travail, puis finit par intervenir.)

MARIE - *(en le secouant)* Oh ! Mais t'as pas fini de regimber comme un goujon qui serait sorti du Mesvrin) ?

(Le Glaude se redresse brusquement.)

GLAUDE - Hein ? Qu'est ce qui se passe ?

MARIE - C'est à toi de me le dire, tu gigotes comme un possédé !

GLAUDE - Ah?… C'est sûrement le vaccin?

MARIE - Ou la goutte!

(Marie prend son tricot et surveille son mari du coin de l'œil Le Glaude se réinstalle et peu après, recommence à gigoter pour finir de côté, face au public.)

C'est pas vrai que ça le reprend! Le Docteur lui a peut-être administré trop de "mécanique"?

(Marie se lève, s'approche du Glaude; hésite, et lui administre un coup d'aiguille dans le derrière.)

GLAUDE - *(réveillé, en sursaut, se tâtant les fesses et regardant sa femme)* Hé! Ça va pas?

MARIE - Mais enfin tu t'es vu?

GLAUDE - *(ahuri)* Comment veux-tu que je me sois vu?

MARIE - Tu n'arrêtais pas de tournevirer! Tu rêvais au fantôme ou quoi?

GLAUDE - *(surpris et se frottant le ventre)* Quelle idée! Non, ça doit être les haricots de la soupe de midi qui sont encore vivants… *(Se redressant)* Et puis, j'en ai marre de cette sieste.

MARIE - Ça tombe bien, moi aussi! *(Regardant la pendule)* Tiens, c'est l'heure de boire un petit café. Je vais le faire chauffer.

(Le Glaude se lève. Marie s'affaire autour de la cafetière tandis que son mari s'assoit, se lève, tourne comme un fauve en cage. Marie le remarque, se plante les mains sur les hanches en regardant le manège de son mari.)

Ooooh là, Bijou!

(Le Glaude sursaute et s'arrête.)

Si t'as encore la bougeotte, va donc soigner les bêtes. Ça te calmera les nerfs… "pis" les miens par la même occasion !

GLAUDE - T'as raison. Un peu d'air frais me fera du bien.

(Le Glande enfile un anorak et sort en gardant son bonnet de nuit. Marie le regarde, secouant la tête de désolation. Elle commence a faire un peu de ménage.)

MARIE - *(prenant le carnet oublié par le Docteur)* Tiens, c'est quoi ça ? *(Regardant à l'intérieur)* Oh, le carnet du Docteur… *(hésitante)* Je lui redescends ou pas ?… J'ai pas trop envie de laisser le Glaude tout seul dans son état. *(Reposant le carnet sur le buffet)* Oh, et puis il passera bien le chercher quand il s'en apercevra.

(On frappe il la porte et Marie va ouvrir. C est Louise.)

Ah, bonjour Louise. Quelle bonne surprise ! Comment vas-tu ? Entre !

LOUISE - *(en faisant son entrée et se tournant vers le public)* Ça va fort. *(à la Sabatier)* Je passais pas loin. Et vu l'heure, je me suis dit que le café était sûrement chaud. *(Rire des deux femmes)*

(Louise ôte ses vêtements chauds. Marie va chercher deux tasses et la cafetière, pendant que Louise se tourne vers le public.)

(A voix basse) "Pis i'me" coûte moins cher que le mien !

(Marie revient avec les tasses et la cafetière.) C'est chez vous qu'il y a un malade ?

MARIE - Non, pourquoi ?

LOUISE - C'est parce que j'ai croisé le Docteur qui redescendait au Bourg.

MARIE - Ah ! Il était venu faire un vaccin à mon Glaude. Et toi, ça a l'air d'aller ! tu rajeunis de jour en jour !

LOUISE - Merci, c'est gentil. C'est parce que j'ai arrêté le sucre… *(Sur le ton de la confidence)* Mais dis donc, si moi ça va, ton Glaude a l'air tout bizarre… et il est drôlement habillé. Il fait carnaval à la Sainte Catherine ou quoi ?

MARIE - Comment ça ?

LOUISE - Il déambule au milieu de ses poules en bonnet de nuit ! En plus, je lui ai dit bonjour et on aurait dit qu'il ne m'entendait même pas !

MARIE - Oui. Eh bien, ne m'en parle pas ! Il me donne un peu de soucis… Il est comme ça depuis son vaccin… Ou depuis qu'il sait que le fantôme de la Mirette existe peut-être…

LOUISE - *(dépitée)* Ah tu sais déjà pour le fantôme ? Moi qui voulais te faire la surprise… *(prenant un air de conspiratrice)* Mais tu crois que ça peut exister vraiment ?

MARIE - Je suis bien forcée d'y croire ! Avant, j'aurais dit que c'était encore une loufoquerie de la Mirette… mais maintenant…

LOUISE - *(ahurie)* Ah ? Pourquoi, tu l'as vu ?

MARIE - Bien sûr !

LOUISE - *(se mettant la main sur la bouche)* Mon Dieu !

MARIE - Remets-toi ! Y'a plus vilain tout de même !

LOUISE - Tu en parles à ton aise. Et t'as pas eu peur ?

MARIE - *(en riant)* Il en faut un peu plus ! Les autres non plus n'ont pas eu peur !

LOUISE - Les autres ? Quels autres ? Mais tu l'as vu où ?

MARIE - A la supérette. On se fréquente peu, tu sais…

LOUISE - Mon Dieu ! Et que faisait ce monstre à la supérette ?

MARIE - *(qui commence à être intriguée)* Mais ses courses, comme tout le monde, pardi !

LOUISE - Incroyable ! Et il achetait quoi ? Un suaire neuf ?

MARIE - Attend… Qui ça, "il" ?

LOUISE - Mais celui dont je te parle depuis cinq minutes, le fantôme !

MARIE - *(en éclatant de rire)* Mais moi, je te parle de la Mirette !

LOUISE - Ah bon ! Je préfère. J'ai cru que tu m'expliquais que cette galipotte faisait ses courses au village !

MARIE - "Bin", en tout cas, même si elle se sert chez Casino, ça se pourrait bien tout de même qu'elle soit réelle…

LOUISE - Alors explique-toi clairement, veux-tu ?

MARIE - C'est le Docteur. Il nous a prouvé, en une phrase, que les fantômes pouvaient exister…

LOUISE - *(La main sur la bouche, effrayée)* Non !?

MARIE - *(professorale)* Si !

LOUISE - Raconte-moi, alors !

MARIE - C'est trop compliqué pour moi. J'ai juste retenu l'essentiel. C'est que ces oiseaux là,… ils vivent !… Enfin, façon de parler !

LOUISE - *(soucieuse et un peu effrayée)* Ça alors, si je m'attendais… Il était sérieux, au moins, le Docteur ?

MARIE - Ça oui ! C'est… *(Réfléchissant et prenant son élan)* "Haèchtène" qui l'a prouvé !

LOUISE - A tes souhaits.

MARIE - Quoi ?

LOUISE - *(tout étonnée)* Quoi "quoi"?!Tu éternues ! Je te dis "à tes souhaits" !

MARIE - *(réalisant la méprise de son amie)* Ah?! Non, "Haèchtène", c'est le nom du savant cité par le Docteur.

LOUISE - Pfff! En effet que c'est compliqué. J'ai du mal à te suivre !

MARIE - Eh bien en tout cas, tu n'en parles pas devant le Glaude. Si jamais c'est ça qui le rend nerveux ?!…

(La porte s'ouvre doucement. Claude tend son nez tout sourire en apercevant Louise, de dos, qui hoche la tête de circonspection. Il s'approche à pas de loup et s'apprête à pincer Louise aux hanches.)

LOUISE - *(à moitié convaincue et se redressant)* Tout de même… Ton homme n'a pas peur d'un fantôme !?

(Dans le même temps, le Claude la pince et reste interloqué, par ce qu'il vient d'entendre, tandis que Louise bondit en avant comme un ressort, en hurlant)

GLAUDE - *(en bégayant)* Parce qu'il est revenu?… Le… revenant?

LOUISE - *(embarrassée)* Mais non, on parlait de la Mirette… comme ça… On disait que si elle suçait plus de glace, elle aurait moins d'imagination.

GLAUDE - *(en soupirant de soulagement)* Ah bon! C'est mieux comme ça. Mais, tu sais, il ne faut pas trop plaisanter là-dessus. Même que le Docteur nous a expliqué…

(On frappe à la porte. Emile fait son entrée en tenue de chasse.)

(Le Claude, un peu gêné) Tiens Mimile! Quelle bonne surprise! Entre et assieds-toi.

EMILE: *(marquant un temps d'hésitation en regardant le Claude qui évite son regard)* Bonjour tout le monde ! Eh bien mon Glaude, qu'est ce qu'il t'est arrivé ?

GLAUDE - *(l'air innocent)* Comment ça, qu'est-ce qui m'est arrivé ?

EMILE: Et notre partie de chasse ? Tu ne te souviens pas que tu devais venir chasser avec les amis, cet après-midi ?

GLAUDE - *(gêné)* Ah !… Heu… si, bien sûr. Mais vois-tu, je suis un peu enrhumé, alors…

LOUISE - *(ricanant», tandis que Marie lui fait signe de se taire)* Pour tout dire, il semble atteint de fantômite-aiguë !!

EMILE: *(ahuri et regardant Marie)* Hein ? C'est quoi ça ? *(Montrant le Claude du doigt)* On peut le soigner ? *(Au Claude, en se reculant)* Tes pas contagieux, au moins ?

(Même Marie ne peut s'empêcher de rire.)

GLAUDE - *(en se renfrognant)* Vous n'êtes qu'une bande d'idiots, bêtes à manger du foin ! *(Il part en claquant la porte)*

EMILE - *(regardant la porte que vient de claquer son ami)* Zut.. ça vous ennuierait de m'expliquer ?

MARIE - Eh bien, c'est à cause de cette histoire de fantôme qui se raconte partout. Tu en as entendu parler ?

EMILE: Oui… c'est le scoop de l'année !

MARIE - Eh bien depuis ça, le Glaude ne vit plus. Je me demande bien ce qu'il a pour prendre cette affaire à cœur comme ça !?

EMILE: *(embarrassé)* Ah !… c'est à cause de ça ? Si j'avais su, je n'aurais pas tant posé de questions… Vous comprenez… le Glaude, c'est un ami de trente ans et ça me fait de la peine de l'avoir vu partir comme ça, à cause de moi…

MARIE - Bah ! Ne t'en fais pas. Tu le connais bien ! Il va se rendre compte qu'il en a trop fait et il va bientôt revenir comme si de rien n'était… Et puis, c'est Louise qui a semé le vent…

LOUISE - *(un peu énervée)* Oh ! J'ai fait ça pour son bien… Tu le couves trop, Marie ! Je le connais depuis tout petit, ton Glaude. On a presque grandi ensemble et il a toujours eu besoin d'être un peu brusqué pour réagir, crois-moi. Et d'abord, pourquoi semble-t-il faire de cette histoire de fantôme une affaire personnelle ?

EMILE: *(hésitant)* Tu sais, Louise… les réactions ne sont pas toujours celles qu'on pourrait croire…

LOUISE - Que veux-tu dire ?

EMILE: Je veux dire que des fois, eh bien, ça fait tout drôle…

MARIE et LOUISE - *(En chœur)* Quoi donc ?

EMILE: *(en regardant alternativement les deux femmes)* C'est, heu… c'est en rapport avec la chasse de tout à l'heure… Avant de commencer, tout le monde plaisantait dans la cabane de chasse, à propos des visions de la Mirette… Vous savez qu'il y a pourtant de vrais durs parmi la bande… et bien, à l'affût… nous aussi on a cru voir quelque chose…

MARIE - Non ?!

LOUISE - *(regardant Marie)* J'allais le dire…

EMILE - Si… Tout le monde sentait une présence derrière soi. Même qu'on a arrêté la chasse, de peur de finir par se tirer dessus… Mais il ne faudra pas raconter ça à ma Denise. Déjà qu'elle dit qu'il se tire plus de bouchons que de lapins dans nos parties de chasse…

LOUISE - Ça alors !…

MARIE - Bon ! En tout cas, ne va pas raconter pas ça au Glaude non plus…

(Le Glaude rentre, tout sourire, une bouteille de goutte à la main.)

GLAUDE - J'en ai retrouvé, une toute neuve… Heureusement car ce gourmand de docteur m'a rectifié l'autre tout à l'heure. Tiens mon vieux Mimile, on va s'en enfiler une petite pendant que tu vas me raconter cette partie de chasse.

(Le Glaude sort deux terres et s'assoit pendant qu'Emile cherche de laide dans les yeux des femmes. Il sert deux terres et se plante face à Emile.)

(passionné) Bon, alors ?

EMILE ; *(faussement surpris)* Hein ? Alors quoi ?

GLAUDE - *(les bras ballants)* "Ben"… la chasse, pardi !?

EMILE : Ah oui, la chasse… Eh bien… pfff ! Rien d'extraordinaire, tu n'as rien manqué, tu sais !

GLAUDE - *(étonné)* Allons donc… vous avez bien tiré quelque chose ?

EMILE - Rien du tout !… Tiens, même pas un câble téléphonique ! *(Confiant, Emile se détend)*

GLAUDE - *(en faisant un clin d'œil)* Allez, ne me dis pas que vous n'avez rien vu du tout…

EMILE : *(oubliant la demande de Marie, puis se la rappelant)* Ah ça ! On a vu un fant… heu, un petit faon… qui avait perdu sa mère… Alors, comme ça, le Louis s'est dit qu'on pourrait peut-être essayer de l'apprivoiser ?…

(Le Glaude fronce les sourdis et regarde son ami qui se sent tram par son trop gros mensonge.)

GLAUDE - *(énervé et comprenant qu'on lui raconte n'importe quoi)* Mais qu'est-ce que tu me racontes là ?… Tu me prends pour un demeuré ?… Depuis quand des faons se promènent-ils dans notre bois ?… Ça fait cinquante ans que j'y chasse et j'attends encore d'en voir !… Et depuis quand le Louis endure-t-il le gibier ailleurs que dans son assiette ?

LOUISE - *(en faisant de grands gestes)* Tout ça, c'est à cause de ta fantômite !

GLAUDE - *(tapant du poing sur la table et se relevant)* Ah mais ça suffit à la fin ! J'en ai marre qu'on se moque de moi ! Et toi, la Louise, je te vois bien raconter ça à tout le monde au Bourg, en redescendant… c'est un peu facile…

(Goguenard et tapant dans ses mains.)

Tiens… c'est comme si moi, je racontais partout, qu'il y a cinquante ans, dans la grange du Louis… tu te souviens ?

LOUISE - *(gênée)* Je ne vois pas ce qu'il y aurait à se souvenir ! Tu inventes n'importe quoi pour qu'on pense à autre chose qu'à ta peur ridicule !

GLAUDE - *(l'air précieux)* Que nenni ! Je pourrais raconter qu'à cette époque, tu te sauvais moins vite que tout à l'heure quand je te faisais des guilis guilis !…

(Louise se renfrogne, Emile pouffe discrètement et Marie hoche la tête, les mains sur les hanches.)

(Considérant les réactions des femmes et comprenant qu'il y est allé un peu fort) Oui… heu, c'est comme si je racontais des mensonges pareils !

MARIE - *(à Louise)* Des guilis ! C'est du propre ! Toi, ma meilleure amie ! Si quelqu'un d'autre m'avait dit ça, je ne l'aurais pas cru !

GLAUDE - *(à Marie)* Allons, Marie, il y a tellement longtemps ! Il ne faut pas le prendre comme ça…

MARIE - Ah oui ? Je devrais rire à m'en taper le derrière par terre, peut-être ?

GLAUDE - *(conciliant)* Ecoute, on se connaissait à peine, nous deux. Alors que Louise, je la voyais depuis tout petit… et je voulais juste être sûr que… c'était moins bien qu'avec toi. Voilà !… Même que c'était effectivement vraiment moins bien… Là !.. Tu es contente ?

LOUISE - *(vexée et se levant de table)* Bon, de mieux en mieux. Eh bien, je vais aller voir si mon feu n'est pas crevé.

MARIE - *(lui posant ses habits pris d'elle)* C'est ça… Au besoin, chatouille-le un peu pour le réveiller.

LOUISE - *(honteuse mais fière)* Très drôle… vraiment !

EMILE: *(riant sous cape)* Bon. Faut que "j'me" sauve aussi.

(Louise s'apprête à sortir, suivie de près par Emile, raccompagné par le Glaude.) (En chuchotant et en envoyant un coup de coude à son ami) Dis donc, Glaude, la grange du Louis est sur notre route… Tu crois que ça lui ferait encore de l'effet, les guilis ?

GLAUDE - *(riant)* Hé !… Tu peux toujours essayer ? Allez, rentre bien, sacré farceur.

FIN DE L'ACTE I

ACTE II

*Le Glaude est assis et lit le journal Marie s'affaire de son côté,
à tricoter.*

GLAUDE - Je me demande ce qu'on deviendrait, en France, sans
une presse de qualité comme on en a!... Tout de même, c'est
"instruisant" le journal! Tiens, par exemple: t'as lu le dicton du jour?
"A la Sainte Gertrude, si la belle est prude, l'hiver sera rude"...
c'est important, des informations pareilles!

MARIE - Quand veux-tu que j'ai eu le temps de lire ta feuille de
choux?

Quant à l'hiver, l'homme blanc a dû couper trop de bois[(4)]...

GLAUDE - En tout cas, ce fichu temps ne s'arrange pas. *(On
frappe. Le Glaude abaisse son journal.)*

Vouiii?

*(Etienne, petit-neveu du Glaude et facteur du village entre,
accompagné de sa fiancée, Rosine.)*

ETIENNE - Salut mon oncle! Salut ma tante!

GLAUDE - Bonjour mon neveu, bonjour Rosine! *(Embrassades
de rigueur)*

ETIENNE - *(se secouant et ôtant sa veste)* Eh bien! Il fait
meilleur ici que dehors... Ça va, vous deux?

MARIE - Comme des jeunes, mon "p'tit" Etienne! Comme des
jeunes! *(En regardant Rosine)* C'est gentil de nous avoir amené, la
petite Rosine. Alors ma cocotte, comment va ton pépé Louis?

ROSINE - Oh, très bien, Madame. Un vrai chêne ! C'est bien simple, la météo ne semble pas avoir de prise sur lui. Comme vous savez, toute l'année, il se promène en chemise.

MARIE - *(enthousiaste)* Ah quel homme, tout de même ! On peut dire qu'il a le sang chaud... *(Sentant le regard inquisiteur du Glaude)* Oui, bon...

ETIENNE - Oui, c'est un solide. Si ma petite Rosine tient de lui, les médecins ne nous coûteront pas cher !

GLAUDE - *(haussant les épaules)* Bien sûr qu'elle tiendra de lui ! Pourquoi en serait-il autrement ? Le Louis n'est pas du genre à laisser chasser sur ses terres !

MARIE - Bon. Et à part les qualités du Louis, quoi de neuf les gamins ?

ETIENNE - *(en riant)* Carré de trois, ma tante !

GLAUDE - Hein ?

ETIENNE - C'était une boutade, mon oncle. Le carré, de trois, c'est neuf.

GLAUDE - *(ahuri)* Ah bon... Et le triangle de quatre, c'est quoi ?

ETIENNE - *(constatant l'ignorance de son oncle)* Laisse tomber, mon oncle. En fait, je viens pour les calendriers de la Poste. Et comme c'est un travail à haut risque, je préfère avoir mon chauffeur... à cause des embuscades !

(Etienne pose les calendriers sur la table. Les deux femmes les regardent)

ROSINE - Oui. Et ça me permet aussi de surveiller qu'il n'abuse pas trop des bonnes choses... N'est ce pas, Etienne ?

ETIENNE - Que veux-tu ? Si je refuse de boire un coup, les gens se vexent... alors !...

GLAUDE - Oui, bien sûr ! Mais il y a boire et boire… Ce qui vous fait du mal, les jeunes, c'est les machins trafiqués qu'on trouve n'importe où maintenant. Moi, j'ai un breuvage maison !… *(Mimant la descente du breuvage dans ses boyaux, et les yeux au ciel)* Qui fait tellement de bien qu'il devrait être remboursé par la Sécurité Sociale !…

(Etienne et Rosine rient, Marie hausse les épaules.)

MARIE - Oui. Mais t'as encore oublié d'en parler au docteur tout à l'heure.

GLAUDE - *(haussant les épaules)* C'est inutile. Il n'avouera jamais que c'est vrai !… Si tout le monde en buvait, il n'aurait plus de malade à soigner !

MARIE - Pour sûr !… Tout le monde serait mort !

GLAUDE - *(à Etienne)* Tsss… Elle dit ça rien que pour m'embêter… Tiens, tu vas te faire une idée, et par toi-même !…

(Le Glaude distribue la goutte. Les deux hommes boivent cul sec.) Alors, qu'est ce que t'en penses de mon sirop Typhon ?

ETIENNE - *(toussant)* Ha, ça ! Si on en réchappe, on est sûr de ne pas attraper d'angine.

(Le Claude rit et en ressert deux autres.)

GLAUDE - *(brusquement, en désignant un calendrier sans même avoir regardé les autres)* On prend celui-là.

MARIE - Quoi ? Et pourquoi donc ?

GLAUDE - Tout simplement parce que c'est le plus beau !?

MARIE - *(en tapant sur le calendrier et en haussant les épaules)* Tout ça à cause de ce chien qui a l'air complètement idiot !

GLAUDE - *(montrant le chien au public)* Comment ça, il est pas beau mon chien ? Alors tu vois, c'est toi qui n'y connais rien ! Et d'abord, cette fois, c'est MON tour. *(En montrant le calendrier affiché)* L'année dernière, tu as eu TON matou… heu mité, cette année, c'est MON tour et MON Chien !

(Le Claude vide son verre pour mieux marquer le coup.)

MARIE - *(jugeant inutile d'insister)* Va pour ce monstre !

ETIENNE - *(conciliant)* Allons tantine, l'année prochaine, je cache tous les chiens, promis.

GLAUDE - Même… *(Levant le doigt en l'air)*… que je vais peut-être avoir le même… En vrai !…

MARIE - Quoi ? Un chien de plus ? La Zorra ne te suffit plus ? *(Etienne vide son verre. Il commence à être "chargé".)*

GLAUDE - Tu as l'air étonnée ? Je ne t'en ai pas parlé ?

MARIE - Tu caches bien tes coups, toi !… Et je suppose qu'il va s'appeler Zorro celui-là ?… Tu y tenais déjà tellement avec l'autre saucisse !…

GLAUDE :"Ben", oui ! Mais l'autre, il se trouve que c'est une femelle ! Si je l'avais appelée Zorro, j'aurais pu lui perturber le psychisme à cette bête !…

MARIE - Vu le grain qu'elle traîne déjà !… Ça serait passé inaperçu !

GLAUDE - Mais pas du tout' Elle est très intelligente et rusée, ma Zorra ! D'accord, ça ne se voit pas comme ça… mais son air un peu abruti, c'est pour cacher son jeu et mieux approcher le gibier ! Mais à quoi bon discuter, tu n'y connais rien.

MARIE - Eh bien, au vu de ce que tu rapportes de tes parties de chasse, ses ruses doivent être aussi grosses qu'elle.

GLAUDE - Tu es injuste. Elle ramène de temps en temps quelque chose !

MARIE - Oui les poules du voisin, par .exemple…

GLAUDE - *(en haussant les épaules et en donnant un billet à Etienne)* Inutile d'en discuter avec un non chasseur. Tiens, ça mettra un peu de crème dans tes épinards.

MARIE - De beurre !

GLAUDE - Quoi, de beurre ?

MARIE - On dit du beurre dans les épinards !… Pas de la crème !

GLAUDE :"Pis" si moi je préfère la crème ! Ah tu sais Etienne, ça n'est pas ce que tu crois d'être marié !

ETIENNE - *(en riant)* Allons donc ! Je sais bien que vous vous adorez même si vous vous chamaillez souvent… Et justement, on a une nouvelle à vous apprendre, dans le genre…

MARIE et GLAUDE - Ah ??

ROSINE - Oui, on va se marier au printemps… Et, bien entendu, vous êtes invités.

MARIE et GLAUDE - *(en se précipitant pour les embrasser)* Oh, mes bichous ! *(Baisers de rigueur et le Glaude en ressert deux.)*

GLAUDE - Ça s'arrose. Tchin !… Tu sais Rosine, tu as fait le bon choix, Il a de mon sang ce petit. Ça se voit au premier coup d'œil !

ROSINE - *(considérant l'état d'éthylisme avancé d'Etienne)* Oui… C'est bien ce qui me fait un peu peur…

GLAUDE - *(à Etienne)* Et toi tâche de toujours bien t'occuper de Rosine et t'auras pas de problème ! Parole de Glaude ! Regarde, moi avec ta tante, et bien… même maintenant… *(Il remue les mains comme s'il allait se jeter sur elle)*

(Etienne et Rosine sont amusés.)

MARIE - Mon "pauv'" Glaude ! Tu les fais bien rire ! T'oublies que la dernière fois, t'as mis trois jours à t'en remettre ! "Pis" ça remonte à loin !

GLAUDE - *(nullement vexé)* Voui, voui… On peut rêver un peu, non ? *(A Etienne)* N'empêche… fais comme je te dis !

MARIE - Mais ne fais pas comme je fais… Au fait, Etienne, j'avais promis un lapin à tes parents. Tu pourrais leur emporter ?

GLAUDE - *(en fronçant les sourcils)* Ça fait la deuxième fois qu'elle pense à ses lapins quand je me fais tendre…

ETIENNE - Bien sûr, Tantine, tes lapins sont tellement bons !

GLAUDE - Tssss ! Grâce à qui ?

MARIE - Puisque tu es si bon paysan, tu t'occuperas aussi des poules à l'occasion. Elles ne pondent plus guère…

GLAUDE - Faudrait racheter des "gnôs"[5]. Les derniers sont partis dans une douzaine vendue à des parisiens !

MARIE - Oui, encore une de tes blagues fines. *(Le Glaude se plie de rire.)*

GLAUDE - Je n'ai pas pu m'en empêcher ! L'an dernier, je leur avais vendu toutes les vieilles gamelles percées qui traînaient dans la grange. Il paraît que ça fait "kitch" dans leur salle à manger. Moi, ça a fait ding-ding dans le porte-monnaie, ça m'a payé mes cartouches pour trois ans et ça m'a évité un voyage à la déchetterie ! Qui dit mieux ?

MARIE - *(en regardant les deux jeunes)* Il en faut vraiment peu pour l'amuser ! *(En sortant)* Bon, je vais chercher le lapin.

GLAUDE - Et la Poste, ça marche mon Etienne ?

Etienne - C'est devenu comme partout. Il faut que le travail soit fini avant d'être commencé. Les chefs se multiplient comme des lapins et ils ont tous la danse de Saint Guy !

Glaude - Heureusement que toi, tu prends ton temps… ça fait une moyenne ! Et toi, au moins, tu es sûr de faire quelque chose d'utile !

Etienne - Je veux, mon neveu., Ah ! Mon onde, tu me fais penser à ce que j'allais oublier. J'ai aussi une lettre pour toi, mais tu ne devineras jamais d'où elle vient ?

Glaude - Je sais pas, moi… d'Uchon[6] ?

Etienne - Non ! De beaucoup plus loin !…

Glaude - De Mesvres[7], alors ?

Etienne - Non ! De l'Etranger !

Glaude - *(ahuri)* Diable !… Et de quel étranger ?

Etienne - D'Allemagne.

Glaude - Tu es sûr que c'est pour moi ? c'est certainement une erreur !

Etienne - Alors regarde ! Glaude Hinou, les Fésenpatros, c'est bien toi ?

Glaude - Tu veux dire: les Fésenpotras ?

Etienne - *(regardant mieux)* Oui tu as raison…

Glaude - Alors, c'est bien pour moi. Mais… on n'a personne en Germanie !

Etienne - Tu veux dire que vous n'avez PLUS personne !… tiens-toi bien, elle date de 1947, ta lettre !

Glaude - Hein ? Qu'est-ce que tu racontes ? Je sais bien qu'il y a des tarifs lents chez vous, mais à ce train-là, quand t'as fêté tes trente ans, il vaut mieux téléphoner si tu veux être sûr que ça arrive à temps !

Etienne - *(en sortant une vieille enveloppe jaune de sa poche)* Ce n'est pas une histoire de timbrage. Il arrive, très rarement heureusement, que des lettres se perdent. Celle-ci, les collègues du vieux centre de tri l'ont dénichée en le déménageant.

Glaude - *(en prenant la lettre dans ses mains et se mettant à trembler en lisant l'enveloppe)* Crédiou, c'est pas possible !

(Marie rentre avec son panier à lapin et le Claude glisse furtivement la lettre dans sa poche.)

Marie - *(posant le panier sur la table)* Tiens, comme on disait dans le temps: encore un que les boches auront pas !

(Le Claude sursaute et tremble de plus belle.)

Etienne - *(remarquant le malaise)* Merci Tantine. Heu, Rosine, nous allons peut-être repartir au Bourg ?

Rosine - Oui, il se fait tard. Si on tarde, mon grand-père va nous casser les pieds.

Marie - Le Louis ? Comment ça ?

Rosine - Oh, ce n'est pas méchant. Mais comme sa vieille grange est sur le chemin, on aura droit aux commentaires salaces…

Marie - *(riant)* Que veux-tu, il faut reconnaître qu'elle a une sacrée réputation, sa grange ! *(plus sérieuse et en haussant le ton)* Hein, mon Glaude ?

Glaude - *(soucieux)* "Ben"… ça se pourrait…

(Etienne et Rosine se lèvent et se rhabillent. Etienne prend le panier à lapin.)

MARIE - Bon, je sors avec vous. Je vais en profiter pour rentrer mon linge. J'ai vu tout à l'heure qu'il était sec.

(Le Glaude se retrouve seul Il ressort la lettre de sa poche en tremblant, la décachette et lit avec l'accent germanique.)

Düsseldorf, le 25 juillet 1947.

Mein chéri,

Che t'écris bour t'annoncer un kolossal malheur. Mein éboux vient de kapouter. La semaine ternière, il est mouru d'une indigestion de choucroute. Tu zais qu'il afait juré de se fenger un jour, vivant ou mort. En mourissant, il m'a redit que son fantôme allait de rendre visite pour le fenger.
Tu sais comme ch'ai peur de ces pêtes là. Tu m'as touchours tit que ça ne se bouvait bas, mais bprends garde à toi tout te même.
Je t'écrirai blus, à cause de Marie. Sois heureux, mon Glaude.

Grosses pisous,

Ta Bertha.

(Le Glaude se met les mains sur la face.)

GLAUDE - Nom-de-Diou-de-nom-de-Diou!… T'en étais sûr!… Le fantôme de la Mirette, c'est moi qu'il cherche!

(Le Glaude tourne comme un lion en cage, tandis que Marie rentre avec son linge.)

MARIE - *(qui n'a rien remarqué et pose son linge sur un meuble, complètement ébouriffée)* Tu parles d'un vent! Cette fois, c'est bien l'hiver.

(Le Glaude ne répond pas et continue à tourner, virer.)

MARIE - *(doucement en se recoiffant)* C'est pas vrai que ça le reprend? *(plus fort et les mains sur les hanches)* Mais t'as pas bientôt fini? Dès que j'ai le dos tourné, tu te prends pour une toupie?

GLAUDE - *(en continuant)* Ah la la ! Quel malheur !

MARIE - Un malheur ?

GLAUDE - *(en se tortillant les mains)* Oui, et un de taille !

MARIE - Comment ça ?… Je suis sortie il y a cinq minutes et tout allait bien !

GLAUDE - Y'a cinq minutes, c'était différent.

MARIE - Qu'est ce que t'as fait entre temps ?… *(fappant dans ses mains)* Ça y est ! T'as cassé la bouteille de goutte et c'était la dernière !

GLAUDE - Si ce n'était que ça !… Affreux ! Affreux-affreux-affreux !

MARIE - Alors, si c'est pire, ça doit vraiment être grave !

GLAUDE - *(en s'asseyant, éffondré)* Si tu savais, ma petite Marie !

MARIE - *(tendrement)* Mais bien sûr que je veux savoir. A notre âge, on va pas se mettre à avoir des secrets !

GLAUDE - *(en s'asseyant mieux)* Eh Bien voilà. Tu sais que… heu… non ! Tu te rappelles quand… oh et puis zut ! Tiens, lis cette lettre. Tu comprendras.

MARIE - *(enthousiaste)* Oh ! La vieille enveloppe. Comme celles de notre jeunesse ! Quand tu me contais fleurette…

GLAUDE - *(embarrassé)* Oui, "ben"… c'est pas tout à fait de ça qu'il s'agit…

> *(Le Glaude se relève et repart pour un tour de table. Marie lit la lettre. En repassant devant Marie, elle le prend à l'épaule, le rassoit d'autorité et finit sa lecture.*
>
> *Marie tient la lettre à la main et regarde le Glaude en*

hochant régulièrement de la tête. Le Glaude la regarde, regarde le public et la regarde.)

Quoi ? Qu'est-ce que t'as à secouer la tête comme l'ange du curé lorsqu'on lui donne des sous ?

(Marie continue de hocher fa tête.)

(Nettement moins agressif) Non mais… sans rire, qu'est-ce que tu en penses ?

MARIE - Sans rire du tout, j'en pense… que t'es un sacré dévergondé !

GLAUDE - *(indigné)* Il s'agit bien de ça !

MARIE - Ah ça oui ! C'est la deuxième fois dans la journée que j'apprends que j'ai des cornes. Et avec deux femmes différentes, en plus ! *(Mimant)* Elles aimaient aussi les guilis ?… De l'autre côté du Rhin ?

(Le Glaude fait mine de se relever, mais Marie le rassoit, d'autorité)

GLAUDE - *(toujours indigné)* Alors, pendant qu'un fantôme assoiffé de mon sang rôde peut-être derrière cette porte, tu ne penses qu'à me faire des reproches ?

MARIE - Je pense surtout avoir droit à un minimum d'explications ! *(Le Glande se relève et s'explique avec de grands gestes)*

GLAUDE - *(mielleux)* Ecoute ! Tu sais que j'ai été mobilisé alors qu'on avait à peine eu notre lune de miel… et que j'ai été fait presque aussitôt prisonnier ?… A cause de l'Adolphe qui s'était sauvé ! Cinq ans que j'ai été prisonnier ! Et… en cinq ans !… *(Il se rassoit, haussant les épaules)*

MARIE - Eh bien moi, en cinq ans j'ai repoussé le Louis… *(réfléchissant)*… une bonne dizaine de fois…

GLAUDE - Hein ? Il a essayé ? *(Le Glaude se relève et Marie le rassoit)* Ah le saligaud !

MARIE - Tu courais les gorets et lui, les jupons. Chacun poursuivait ce qu'il pouvait… Mais n'inverse pas les rôles ! Et continue plutôt ton histoire.

GLAUDE - Oui… Donc j'ai été affecté dans une ferme allemande où je remplaçais le fermier qui se battait aussi de son côté… Ces gens avaient notre âge et… n'étaient pas si différents de nous, finalement… avec les mêmes malheurs, les mêmes angoisses. Les mêmes… heu, manques !… Tu comprends ?

MARIE - Explique-toi mieux s'il te plaît.

GLAUDE - *(un peu énervé de voir sa femme qui fait l'âne)* Eh bien… La fermière était jeune et belle… J'étais pas mal non plus en ce temps là, hein ?… Elle pleurait souvent d'être abandonnée comme ça… et elle voyait bien que de mon côté, je me sentais bien seul aussi… Alors… on a bien résisté un moment, mais… *(En se fâchant presque)* C'est la nature !… Qu'est ce que tu veux que je te dise ?

MARIE - "Mouais", elle a bon dos, la nature !

GLAUDE - *(après un silence embarrassé)* Tu m'en veux vraiment ?

MARIE - ça… faudrait voir ce que coûte un divorce ?

GLAUDE - *(ahuri)* A notre âge ? Cinquante ans après le délit ?

MARIE - Je plaisante, animal. Je t'en veux surtout de l'avoir appris si tard !

Tu aurais bien mérité que j'essaie le Louis, tiens !

(Le Glaude regarde sa femme qui sourit et comprend qu'il est pardonné. Il se jette dans ses bras.)

GLAUDE - Ah ma ch'tite Marie. Je savais que tu comprendrais ! Maintenant, je n'ai plus rien sur la conscience. Ce que je me sens mieux ! *(En repoussant Marie)* Zut ! J'oubliais l'autre !

MARIE - Quelle autre ?…"Y'en" a une troisième ?

GLAUDE - Non !… Helmut ! Le fermier !… Sa galipotte, plutôt !

MARIE - Allons, allons, il a peut-être dit ça comme ça ?

GLAUDE - Comme ça… Tu oublies les visions de la Mirette et de l'Emile ? Et le Docteur qui dit que c'est possible ? Tout ça plus la lettre de Bertha, ça fait beaucoup, non ?

(Marie commence à être angoissée et à se ronger les ongles.)

MARIE - *(prenant un programme télé)* Ecoute, on va essayer de penser à autre chose. Tiens… qu'est ce qu'on va regarder ce soir ?… Pfff !

GLAUDE - Qu'est-ce qu'il y a ?

MARIE - *(complètement dégoûtée)* Le magazine "Mystère" sur la Une, Frankenstein sur France 2 et le Pape sur France 3 !

GLAUDE - *(se tenant la tête et arpentant de long en large)* A-t-on idée de ne passer que des émissions d'horreur ! Je suis sûr que dans "Mystère", "y'a" encore une histoire de revenants bien saignants !

MARIE - Oui, eh bien arrête s'il te plaît !

GLAUDE - *(la voix tremblante)* Tiens, rien que d'y penser, je l'imagine en train de frapper à la porte…

MARIE - *(la voix chevrotante)* Arrête, mon Glaude, tu me fais peur !

(On frappe… Le Glaude se réfugie au fond de la pièce et Marie se jette dans les bras du Glaude. La porte s'ouvre tout doucement, et le Docteur tend son nez.)

LE DOCTEUR - Il n'y a personne ?

MARIE - *(en se rajustant un peu)* Si, si Docteur, on est là !

LE DOCTEUR - *(en riant)* Eh bien ! Ça conserve la campagne ! Tout de même, si je peux me permettre, vous pourriez aller au lit pour ça !… *(Soudain plus sérieux)* Mais, vous êtes bien pâles, ça ne va pas ?

MARIE - C'est pas ce que vous croyez, Docteur. Vous nous avez seulement fait peur…

LE DOCTEUR - *(toujours rieur)* Moi ? Je suis donc si vilain ? J'étais juste venu voir si je n'avais pas laissé un carnet chez vous ce matin ?

(Le Glaude et Marie sont encore sous le choc. Le Glaude a des tics nerveux tris bizarres.)

Mais enfin, qu'est ce qui vous arrive ?

GLAUDE - C'est… c'est à cause de la Mirette et du fantôme d'Helmut, Docteur… et de la lettre de Bertha…

LE DOCTEUR - Mais qu'est-ce que vous me chantez là ?

MARIE - Mais, vous savez bien Docteur ?… Le fantôme de la Mirette !… C'est mon Glaude qu'il cherche !

(Le Glaude ne dit rien, mais hoche la tête à toute titesse.)

LE DOCTEUR - Décidément, ça n'est pas plus clair…

MARIE - *(tendant la vieille lettre)* Regardez Docteur ! C'est une lettre qui date de 1947 et qui vient juste de nous parvenir ! Lisez-la !…

(Le Docteur s'assoit et lit. Le Glaude, qui tourne en rond, vient sans arrêt lire par-dessus son épaule, ce qui interrompt à chaque fois la lecture du Docteur; qui regarde le Glaude, énervé de son impolitesse.)

LE DOCTEUR - Voilà donc une belle affaire !... Et c'est pour ça que je vous trouve au bord de la crise de nerfs tous les deux ? Vraiment, à votre âge, croire à des bêtises pareilles !...

GLAUDE - *(indigné)* Mais Docteur, c'est vous-même qui nous avez expliqué que les fantômes existent !

LE DOCTEUR - Non !... Je vous ai dit que certaines apparitions pouvaient, peut-être, être liées à des phénomènes encore mal étudiés. De là à imaginer un revenant qui en veut à votre peau... il y a un monde ! Vous ne croyez pas ?

GLAUDE - *(à moitié rassuré et montrant un espace de 10 cm entre ses mains)* "Ben"... des fois, le monde est petit ?

LE DOCTEUR - Mais enfin !... Mettons que ce fantôme existe, et que ce soit votre Helmut... Expliquez-moi pourquoi il aurait attendu tout ce temps pour venir jusqu'ici ?

GLAUDE - *(en battant des bras comme s'il allait s'envoler)* Allez savoir ?... Il est peut-être venu à pied ? Et il s'est peut-être perdu en route ?... En plus, il ignorait le français... ça n'a pas dû l'aider ?

LE DOCTEUR - *(en soupirant)* Bon je vois qu'il n'y a rien à faire pour vous raisonner. *(réfléchissant)* Heu... je passe devant chez Louise et Emile en rentrant... Si je leur proposais de venir vous tenir compagnie pour vous changer les idées ?

MARIE - *(enthousiaste)* Ah oui ! C'est une bonne idée et ça serait gentil de votre part, Docteur !

LE DOCTEUR - C'est entendu. Et tenez, voici un tube de somnifères au cas où le sommeil serait trop long à venir cette nuit. L'effet en est court, mais assez violent. Alors... N'en abusez pas !

MARIE - *(en le posant au coin de la table)* Comptez sur moi, Docteur.

(Marie et le Glaude remercient chaleureusement le Docteur qui prend congé.)

GLAUDE - Ah ! il est bien "servissant" ce Docteur ! Mais tu crois qu'Emile et Louise vont pouvoir venir ?

MARIE - Oh, pourquoi pas ? On sait bien que les retraités sont toujours débordés, mais tout de même…

GLAUDE - Oui, mais Louise… après la reconduite que tu lui as faite !…

MARIE - Bah !… Elle a bien des défauts ! Surtout avec son porte-monnaie en poil de hérisson, mais on se connaît depuis trop longtemps pour se fâcher à cause d'une histoire qui date de cinquante ans !… Tu ne crois pas ?

GLAUDE - *(goguenard)* Bien sûr !… Si tous les cocus faisaient la gueule… on n'entendrait plus que les mouches !…

MARIE - Les mouches et toi, mon Glaude !… Rappelle-toi que le Louis, il a pas eu droit à un cheveu !…

GLAUDE - *(comprenant sa gaffe)* Bien sûr, ma "cht'ite" Marie ! Je ne parlais pas pour nous !…

MARIE - Oui !… Allez, on va préparer la partie de cartes.

GLAUDE - C'est ça. "Pis j'vais" sortir la goutte !

MARIE - *(se moquant)* C'est ça. "Pis j'vais" encore être rond comme une queue de pelle !

GLAUDE - Hein ? C'est pour moi que tu dis ça ?

MARIE - Y'a quelqu'un d'autre ici ?… Tu ne te rappelles pas de la dernière fois ? Tu ne savais même plus si tu jouais à la coinchée[8] ou à la belote !

GLAUDE - Heu… c'était un accident…

MARIE - Mettons !… Moi je vais faire chauffer le café.

(Marie déploie le tapis et apporte le jeu et les pions. Le Glaude prépare les verres et la goutte, tout heureux. On frappe.)

GLAUDE - Vouiii ?

(Louise et Emile font leur entrée.)

Ah, vous voilà ! Mais dites donc, vous n'avez pas traîné ?

EMILE - Non. Nous avons vu le Docteur alors qu'on venait justement chez vous. Il nous a dit qu'on avait eu la même idée.

LOUISE - En tout cas, c'est gentil de nous avoir invités. Et de ce temps, à part jouer aux cartes…

MARIE - *(goguenarde et il voix basse)* Ou alors, il faudrait être plus jeunes…

(Le Glaude emmanche un coup de coude dans les côtes de Marie.)

LOUISE - *(qui n'a rien vu)* Tu disais, Marie ?

MARIE - *(embarrassée)* Heu… Qu'est ce que je disais, déjà ?

GLAUDE - Tu disais que c'était gentil d'être venus !

MARIE - C'est ça…

EMILE: *(tâtant la bouteille de goutte)* Ah ! Je vois que tu as préparé les munitions.

MARIE - Oui !… *(En se tapant de l'index sur la poitrine)* Mais le Casque Bleu veille !

GLAUDE - Bon, on attaque ? *(Regardant Marie)* Je parle du jeu…

(tout le monde s'installe autour du tapis de jeu, les hommes contre les femmes. Le Claude distribue un jeu de coinchée.)

(A Emile) Pendant que je distribue, prépare-nous en donc une petite…

(Emile verse deux verres pendant que Marie apporte le cap, pour elle et Louise.)

EMILE - Voyons voir… *(En découvrant son jeu)* Crédiou ! Elle vont manger bons, les femmes !

GLAUDE - *(aussitôt et en criant)* "J't'y" passe !

MARIE - Ça alors !… Montrez-vous vos jeux tant que vous y êtes !

GLAUDE - *(l'air innocent)* "Ben" quoi ?

MARIE - Faut pas sortir de Saint-Cyr pour comprendre qu'Emile a du jeu, tout de même !

(La partie se passe rapidement. Emile ramasse tous les plis en riant de la mine désappointée des femmes qui donnent leurs cartes les unes après les autres, l'air complètement dégoûtées, en poussant des "Oh la la !".)

GLAUDE - Et hop là ! Emballez c'est pesé ! Pas besoin de compter avec nous !

(Le Claude et Emile vident leur deuxième verre et le Claude reverse aussitôt. Emile commence à avoir des balancements.)

MARIE - "Ben", moi, je compte ! Ça fait deux culs secs en pas longtemps et je vais vous mettre au café, comme nous.

(Le Claude et Emile vident leur verre avant que Marie ne les emporte. Marie se lève et va chercher des tasses)

(Au Claude) Pendant ce temps, distribue pour moi, et sans tricher ! Mais où sont donc passés les biscuits ?

(Le Claude échappe volontairement les cartes aux pieds de Louise.)

LOUISE - *(en les ramassant)* Eh bien, Glaude ! il était temps d'arrêter l'antigel !

(Le Claude prend vite le tube de somnifère, le verse dans les tasses de Louise et de Marie en expliquant par gestes à Emile qu'ils auront la paix pour finir la bouteille.

Emile est passablement gris et ne comprend rien. Il interroge son ami de la tête, l'air complètement abruti. Les femmes reviennent s'asseoir. Marie donne une tasse à chaque homme et la remplit de café.)

EMILE - *(complètement ivre et prenant la tasse de Marie)* A la tienne, mon Glaude.

(Le Claude va retenir son ami et se ravise. Marie hausse les épaules et prend la tasse d'Emile. Tout le monde boit.

Emile et Louise se balancent légèrement et s'éffondrent sur la table en ronflant.)

MARIE - Qu'est ce qu'ils ont ? *(En la secouant)* Louise ! Louise ! réveille-toi, enfin !

(Embarrassé, le Claude se gratte la tête.)

Glaude ! Qu'est ce qui se passe ? C'est pas normal ! J'ai peur !

GLAUDE - Allons… Ils sont sûrement fatigués…

MARIE - Oui, Emile, c'est probable avec ce qu'il a ingurgité, mais Louise !… Qu'est ce qu'elle a ?

GLAUDE - Qu'est ce que j'en sais, moi ! Je ne suis pas docteur !… Elle est peut-être enceinte ?

MARIE - Oh la la ! Et si c'était le fantôme qui avait fait ça ?…

GLAUDE - Hein ? Ça fait des petits, un fantôme ?

MARIE - Non !… Mais il les a sûrement endormis pour qu'on se retrouve tout seuls !?

GLAUDE - *(qui n'est plus trop rassuré)* Mais non !… Et ne ramène pas encore cet animal sur le tapis !

(Minuit sonne au coucou.)

MARIE - *(au bord de la crise de nerfs)* En plus, c'est minuit !

(La porte s'entrouvre doucement mais personne n'entre. Le Glaude s'approche et recule en bégayant.)

GLAUDE - C'est lui ! C'est le fan-fan !

(Le fantôme fait son entrée en remuant les bras, chargés de chaînes.)

(En faisant des signes de croix et en se mettant à genoux) Ecoute Helmut… je comprends que tu sois en colère, mais…

(Le fantôme se plie en deux, de rire. Le Glaude se relève et Marie se rapproche. Le fantôme enlève son drap. C'est Etienne)

ETIENNE - Ah tonton ! Tu ne marches pas ! Tu cours !

GLAUDE - *(vexé)* C'est malin ! Qu'est ce qui t'as pris de nous jouer une farce pareille ?

ETIENNE - Ah mon oncle, c'est le Docteur qui m'y a fait penser… il m'a raconté vos soucis. Il se demandait quel choc vous remettrait les idées en place… Moi j'ai trouvé ! Pas vrai ?

MARIE - *(effondrée et récupérant peu à peu)* Incroyable ! Et il est content de lui ! C'est bien le neveu de son oncle !…

Etienne - Allons ma tante. Tu vois bien comme vos peurs étaient ridicules ? Croire aux fantômes... *(Désignant Emile et Louise)* Et qu'est-ce qu'ils ont les amoureux, à dormir comme ça ?

Glaude - *(complètement guéri de sa peur)* C'est peut-être le vrai fantôme qui leur a jeté, un sort, gros malin !

(Un deuxième fantôme fait son entrée, identique au premier. Marie lève les bras au ciel et prend son tricot en envoyant sa main par-dessus l'épaule. Le Glaude s'assoit à table et prend un air complètement blasé. Etienne est terrorisé.)

(A son petit-neveu) "Ben" tiens ! Quand on parle du loup !... Voilà ton collègue, occupe-toi de lui, s'il te plait !

Etienne - *(en bégayant)* Ah mais non !... ça n'était pas prévu au programme ! Vous n'avez pas le droit...

(Le fantôme s'approche d'Etienne, menaçant)

(pleurant d'effroi, à genoux) Pitié Monsieur le fantôme ! Je ne voulais pas me moquer de vous. Ne me faites pas de mal, je vais bientôt me marier et...

(Le fantôme ôte sa coiffe, c'est Rosine.)

Rosine - Moi je me demande bien ce que je vais faire avec un poltron pareil !

Etienne - *(se relevant)* Mais enfin qu'est ce qui t'a pris de te déguiser comme ça ?

Rosine - Et toi donc ? Tu voulais soigner ton oncle et ta tante ? Moi, j'ai prolongé le traitement pour toi afin que tu apprécies le niveau de tes farces.

Etienne - *(penaud)* Oui, tu as raison... excuse-moi ma tante, excuse-moi mon oncle... et toi aussi Rosine. Ça me servira de leçon.

(Rosine prend Etienne dans ses bras. Emile et Louise se réveillent.)

EMILE: *(en faisant claquer sa langue contre son palais)* Il fait soif par ici ! *(On frappe.)*

GLAUDE - Vouüi ?

(Le Docteur entre.)

LE DOCTEUR - Excusez-moi, je centre d'une urgence et comme j'ai vu de la lumière et la porte ouverte, je me suis permis de passer voir si tout allait bien. En plus… *(Il considère les tenues d'Etienne et de Rosine)…* j'ai une bonne nouvelle pour Marie et Claude : La Mirette m'a avoué cet après-midi qu'elle avait complètement inventé son histoire de fantôme pour se venger de ne pas avoir été prise au sérieux pour sa soucoupe volante…

(Le Claude et Marie tombent dans les bras l'un de l'autre et s'embrassent.)

TOUS LES AUTRES ACTEURS: "C'est-y" pas beau, à "c't'âge" là ?!

FIN DE L'ACTE II

LEXIQUE DU « SECRET DU GLAUDE »

(1) Digestif.

(2) Médicaments du Glaude.

(3) Petite rivière locale.

(4) Allusion à une histoire drôle connue.

(5) Œuf factice utilisé pour faire pondre les poules.

(6) Petit village proche de celui du Glaude et de Marie.

(7) Autre village, un peu plus éloigné.

(8) Jeu de cartes encore appelé, "manille".

Ces termes peuvent être changés et adaptés au lieu d'interprétation.

AVIS IMPORTANT

Cette pièce de théâtre fait partie du répertoire de la Société des Auteurs et Compositeurs Dramatiques, 11 bis rue Ballu 75442 PARIS Cedex 09. Tél. : 01 40 23 44 44. Elle ne peut donc être jouée sans l'autorisation de cette société.

Nous conseillons d'en faire la demande avant de commencer les répétitions.

Imprimé à la demande par Libri Plureos GmbH, Bad Hersfeld, Allemagne

Première édition, dépôt légal : mai 1998
N° d'édition : 983101
ISBN : 2-84422-030-4